novum **pocket**

Elsa Grünkohl

Hartz IV und mein Leben gehört mir

Ein gutes Leben in Hartz IV

Ein lustiger Ratgeber für Hamburger Hartzer-
und innen, die sparen wollen und für alle, auch
Touristen, die nicht so viel Geld haben und
trotzdem was von Hamburg sehen wollen.

novum **pocket**

Bibliografische Information
der Deutschen Nationalbibliothek:

Die Deutsche Nationalbibliothek
verzeichnet diese Publikation in der
Deutschen Nationalbibliografie.
Detaillierte bibliografische Daten
sind im Internet über
http://www.d-nb.de abrufbar.

© 2018 novum Verlag

ISBN 978-3-95840-629-2
Umschlagfoto:
Gajus | Dreamstime.com
Umschlaggestaltung, Layout &
Satz: novum Verlag

Gedruckt in der Europäischen Union
auf umweltfreundlichem, chlor- und
säurefrei gebleichtem Papier.

www.novumverlag.com

Für meine Eltern

INHALTSVERZEICHNIS

Hartz IV

Hartz IV (Arbeitslosengeld II) bekommen Menschen, die kein Arbeitslosengeld I mehr bekommen, d. h. es wird die Miete gezahlt, Wasser und Heizung, Kranken- und Pflegeversicherung, Sie zahlen keine Rundfunkgebühr und haben als Single 416 Euro (Regelbedarf, Stand: 2018), davon müssen Sie aber Strom, Telefon, Handy, Internet, Versicherungen und sonstige Kosten selbst bezahlen. Bei Familien ist das anders, wenn da Kinder sind, kommt da ja noch das Kindergeld dazu. Oder auch wenn Sie in einer Lebensgemeinschaft sich eine Wohnung teilen. Es werden keine Beiträge zur gesetzlichen Rentenversicherung gezahlt.

VORWORT

Ich bin Jahrgang 1960, und glauben Sie mir, das war ein guter Jahrgang, alleinerziehende Wellensittichmutter von 4 schwulen Welli's, wohne in Hamburg-St. Georg, ein Stadtteil der leider durch die Gentrifizierung/Yuppisierung oder auf gut deutsch Schicki-Micki-fizierung sehr teuer geworden ist. Ich lebe in einer 1-Zimmer-Wohnung, 33 qm², Kleiderschrank ist in der Küche und das Bett im Wohnzimmer, ein Minibad und -balkon, aber mir genügt es. Seit Juni 2010 Hartzerin. Wie ich hier gelandet bin? Das geht ganz einfach. In der letzten Firma massives Mobbing, dann Burnout und schwere Depressionen, OP an beiden Händen wegen Karpaltunnelsyndrom (durch die Operationen hat sich eine Arthrose in beiden Daumengrundgelenken gebildet, tut manchmal echt weh und dann kann ich nicht tippen. Stellen Sie sich mal vor, das erzähle ich dem Chef, dann bin ich gleich wieder draußen. In Bewerbungen habe ich das natürlich nicht erwähnt), dann 6 Wochen psychosomatische Reha, und als ich da gesund und frohen Mutes rauskam, knapp 50-jährig, und dachte, jetzt starte ich noch mal so richtig durch und mache noch mal eine Mega-Karriere im Büro, da wollte mich keiner mehr. Und das obwohl ich von der Agentur für Arbeit noch einen tollen Computer- und Englisch-Kurs bekam, die ich beide gut abgeschlossen habe. Als ich in dem PC-Kurs war, da war da auch so ein Typ, der sagte am Mittwoch schon: „Ich wünsche euch ein schönes

Wochenende, ich weiß nicht, ob ich es schaffe, noch mal reinzukommen. Das ist voll frech, diese Kurse sind nicht billig. So was geht gar nicht. Und ich musste aber bös aufpassen, nicht wieder in Depressionen zu verfallen, weil keiner mich wollte und ich war jeden Tag in dem Kurs. Ich habe über 500 Bewerbungen, ohne die Stellenangebote der Agentur für Arbeit oder des Jobcenters mitgezählt, geschrieben, über 350 Absagen bekommen, die restlichen sind wohl im Bermudadreieck oder auf neudeutsch im Cyberspace verschwunden. Ich habe mir sogar lustige Flyer „Ich will arbeiten" geschrieben und habe Büros in der Innenstadt abgeklappert und die persönlich verteilt. Viele fanden das toll, haben mich aber trotzdem nicht eingestellt. Deppen, die wissen gar nicht, was ihnen entgangen ist. Hatte diverse Vorstellungsgespräche und war oft ziemlich dicht dran, aber dann, wieder NIX. Jemand sagte mal zu mir: „Für die Rente zu jung und zum Arbeiten zu alt." Na toll! Ich denke mal, jeder sollte versuchen, aus dieser Zeit, die ja fast wie bezahlter Urlaub ist, das Beste zu machen. Denn nur wer gut drauf ist, ist auch positiv und selbstbewusst und hat eher eine Chance in diesem Haifischbecken. Deswegen auch so viele Tipps für Ausflüge und Unternehmungen. Abkapseln und Schämen bringt nix, habe ich anfangs gemacht und bin richtig depressiv geworden. Raus an die Luft und nicht zuhause hocken und heulen. Hartz IV kann auch eine Chance für einen Neubeginn sein. Wenn ich mal so überlege, was ich alles schon gemacht habe. Treppenhäuser geputzt und Pommes verkauft, war Direktionssekretärin bei einem Ölkonzern und habe mal Arzthelferin (heute nennt sich das MFA, medizinische Fachangestellte) gelernt. Müsste eigentlich genug Branchen geben, wo ich reinrutschen könnte, außer Fußpflege, finde meine eigenen Füße schon nicht so toll, würde ich ja alles machen. In einer Spielhalle möchte ich auch nicht arbeiten, die Dinger werden so oft überfallen und ich lass mir für fremde Kohle nicht den Kopf einhauen. Habe mich sogar als Postbotin beworben, die wollten mich auch nicht. Den Job finde ich nicht schlecht, immer Bewegung an der frischen Luft, viele Leute kennenlernen und mit denen einen ausschnacken. Tja, bei mir hat es ja mit einem normalen Job nicht geklappt. Also schreibe ich jetzt diesen Ratgeber. Dass ich dafür nicht den Nobelpreis in Literatur oder den Pulitzerpreis bekomme, ist mir schon klar, aber ich hoffe, dass sich ein Verleger meiner erbarmt. Will ja nicht reich werden, aber eine Woche Irland wäre auch mal wieder schön, na ja ein paar Tage Ost- oder Nordsee wären auch schon OK, war zuletzt 2006 im Urlaub. Was soll's, habe ja jeden Tag Urlaub, denken viele. Sollte es mit dem Bestseller nix werden, bewerbe ich mich mal als Regalbetreuerin. Sind wir doch mal ehrlich, uns geht es in Deutschland doch gut, ein Dach überm Kopf, Essen, Trinken, Heizung und Wasser können wir uns dank Jobcenter alle leisten. Wir sind von der Rundfunkgebühr befreit. Und was auch ganz wichtig ist, dass wir in Deutschland eine sehr gute ärztliche Versorgung haben, die wir in Anspruch nehmen können. Viele Ärzte, die wissen, dass Sie Hartz IV bekommen, geben Ihnen die Medikamente als Muster mit, dann brauchen Sie keine gesetzliche Zuzahlung in der Apotheke zahlen. Das ist in vielen Ländern nicht so, da dürfen Sie dann unter der Brücke schlafen, wenn Sie arbeitsmarktfern sind. Wenn Sie Pech haben, ist noch nicht mal eine Brücke da. Armut definiert sich heute, gerade bei den jungen Leuten, über Smartphone,

Flachbildfernseher und Markenklamotten, traurig aber wahr. Ich habe ein altes Handy (Prepaid-Karte von L) und keinen Fernseher. Musik und Hörbücher höre ich über eine kleine Anlage mit CD-Player. Geht wunderbar. Mal andere Wege beschreiten, versuchen Sie es doch auch mal, jeder Mensch hat ein Talent, welches in ihm schlummert. Oder überlegen Sie sich mal, ob Sie aus Ihrem Hobby etwas machen können. Egal worauf Sie Lust haben, fangen Sie an damit, wird schon klappen und wenn nicht, das sage ich mir auch immer, wenn ich mir schon alles mögliche Schreckliche ausmale: 99 % aller Katastrophen, die ich mir selber ausmale, treten nicht ein. **Also nicht schnacken, machen!**

Aber den Bestseller schreibe ich ☺, damit das schon mal klar ist.

Dieses Buch ist keine Anleitung zum Nichtstun, sondern eine Anleitung vielleicht mal um die Ecke zu gucken bzw. zu denken. Nicht in der Kneipe sitzen und rumheulen: „Die anderen sind all Schuld, dass es mir so schlecht geht und bla bla", sondern den Hintern hochkriegen und was an der Situation ändern. Und immer davon träumen, dass es klappt, was Sie sich da so vorgenommen haben, dann haut es auch hin. Ein Coach würde sagen: „Visionieren Sie!"

Auch eine ehemalige Comedian und ein bekannter Musiker, den ich persönlich sehr mag, haben mal Hartz IV bekommen, die beiden haben die Chance genutzt und was draus gemacht. Und dann gibt es da noch diese Schriftstellerin in England, die ja wohl den Mega-Bestseller geschrieben hat. Hochachtung!

Wer sich in Hamburg langweilt, hat selbst Schuld. Also los geht's. Außerdem, wer immer nur einen auf Couch-

Potato macht, der wird auch allmählich ziemlich lahm-
arschig und nicht nur auf den Füßen, sondern auch im
Kopp. So, nun stelle ich Ihnen noch meine Wellensittiche (Indoor-Flattermänner) vor: Paddy: Auch der kleine
unbegleitete Flüchtling genannt. Er saß mal pitschnass
und halb verhungert bei mir auf dem Balkon, keine Ah-
nung, wo der her ist, hatte ja keine Papiere dabei. Hab
ein Handtuch drauf geschmissen und schon war er geret-
tet. Er hat 2 Tage nur gefressen und geschlafen. Hat sich
sonst aber gut integriert. Hat sehr schnell die Sprache
von meinen gelernt, ganz ohne Sprachkurs. Jamie: Hat
einen leichten Dachschaden, macht immer den Schna-
bel auf und zu, ohne Grund, der Vogelhändler hat ihn
sich angeguckt und gesagt, dass er OK ist und dass das
wohl eine kleine „Macke" ist. Na toll, habe ich gesagt,
den nehme ich wieder mit, der passt zu mir. Liffey: Ist
noch ziemlich neu hier, aber rotzfrech. Ich habe gedacht,
er ist so süß und weiß wie die Unschuld, aber nein, der
hat es faustdick hinter den Ohren oder wo auch immer.
Er hat eingeführt, dass nicht mehr im Käfig geschlafen
wird und dass man den sowieso nur zum Fressen und
Trinken braucht. Ist nur dumm, dass der Käfig an der
Balkontür steht und ich nicht raus kann. Er ist der Meinung, dass ich das auch nicht muss. Ich habe ihm schon
mit dem Tierheim oder Backofen gedroht, das geht dem
sonst wo vorbei. Und die anderen machen diesen Mist
auch noch mit. Wenn wir in Dublin leben würden, hieße
er Elbe. Der kleine Dicke: Ist total lieb und artig. Er wird
dieses Jahr 6 und ist ein ganz ruhiger Zeitgenosse. Hat
nicht immer Lust, mit den anderen Rabauken zu toben.
Der will seine Ruhe haben. Ist ein kleiner Kuschler. Ich
habe mal Chickenwings gegessen und die haben zuge-

guckt, ich habe gesagt: „Schaut es euch an, so könnt ihr enden, wenn ihr nicht lieb seid. Auch das interessiert die nicht, die machen echt, was sie wollen. Verzogenes Pack! Eines ist bewundernswert, die können alle Viertelstunde kacken, da kommt ganz schön was zusammen. Ich bin ja froh, wenn ich einmal am Tag kann. Meine Wellensittiche haben alle irische Namen, bis auf den Dicken, das liegt daran, weil ich so ein Irlandfan bin. Wenn es dort regnet, spanne ich in Deutschland aus Solidarität den Schirm auf. Aber ich habe die alle soo lieb, und da ich keinen Fernseher habe, kann ich immer Welli-TV gucken, garantiert live und in Farbe und ich sitze in der ersten Reihe. Tiere tun der Seele auch gut, und Sie haben eine Verpflichtung, sich um die Kleinen zu kümmern. Sie können sich nicht so hängen lassen. Bei mir auf dem Balkon hat mal eine Amsel (Outdoor-Vogel) gebrütet. Das war total süß. 2 kleine Amseln sind geschlüpft, habe sie mit Wasser und Futter versorgt, obwohl die keinen Asylantrag gestellt hatten, kein Kostgeld bezahlt und auch noch Dreck gemacht haben. Und irgendwann sind die einfach abgehauen. Haben nicht mal Danke gesagt. Undankbare Viecher. Tja, was soll's, habe halt eine soziale Ader.

STROM SPAREN/POWER

Ich zahle 34 Euro monatlich und bekomme immer noch etwas zurück oder muss ganz wenig nachzahlen. Und trotzdem friere, hungere ich nicht, geduscht und gepflegt bin ich auch.

» Eine Katzenwäsche, und Katzen sind sehr saubere Tiere!, zwischendurch tut es auch mal, anstatt jeden Tag zu duschen. Ist auch gut für die Haut. Außerdem, laut Werbung, gibt es Deo, was 72 Stunden Frische verspricht. Das ist doch was.

» Die Haare müssen auch nicht jedes Mal geföhnt werden, wenn Sie nicht gerade bei Kälte rausgehen wollen, da sollten Sie schon föhnen, sonst gibt es eine Megaerkältung.

» Und auf 90° wäscht heute auch keiner mehr seine Wäsche. 60° tut auch nicht unbedingt Not. Und Weichspüler muss auch nicht sein, der ist übrigens richtig Mist fürs Abwasser.

» Wasser, welches übrig ist, z. B. beim Teekochen, kommt in die Gießkanne für die Blumen oder in den Teekessel und wird beim nächsten Abwasch verbraucht.

» Und nach jedem Pipi machen muss auch nicht gespült werden, da auch das Betätigen der Spülung Strom kostet.

» Der Kühlschrank muss auch nicht für jeden Kleinkram aufgemacht werden, vorher überlegen was rein oder raus soll und es dann zusammen machen.

» Geräte, die auf Stand-by stehen, kosten richtig Geld.

» Licht muss auch nicht stundenlang oder nur mal für Pipi gehen angemacht werden.

» Blusen, T-Shirts, Pullis die nur leicht verschwitzt sind oder nach Rauch riechen, nach dem Duschen in die Duschkabine hängen, riecht wieder total frisch danach, liegt wohl am Wasserdampf. Muss ja nicht gleich in die Wäsche. Wenn es draußen mal wieder schüttet wie aus Eimern, und das tut es in Hamburg öfter mal, nehme ich einen Eimer und stelle ihn auf den Balkon und sammle das Regenwasser. Eignet sich wunderbar zum Blumen- und Pflanzengießen.

Auch wenn das Jobcenter Wasser und Heizung zahlt, müssen Sie bedenken, dass auch das Anschalten der Heizung und des Wasserhahns Strom kostet und den müssen Sie selbst zahlen. Und wenn mein Wohnzimmer einmal warm ist, drehe ich die Heizung runter oder ganz aus. Ich habe schließlich eine schöne Kuscheldecke und dann gibt es einen Tee dazu, urgemütlich. Und außerdem bin ich in den Wechseljahren, da ist mir teilweise so heiß, dass ich gar nicht heizen muss. So gehen Sie auch gleich bewusster mit Energie um und sind damit voll im Trend.

A, L, P = ALP (die großen Discounter Aldi, Lidl, Penny kennt wohl jeder in Deutschland)

Mit Spüli und warmen Wasser (Liter 99 Cent bei ALP oder in Drogeriemärkten). Sie können mit Spüli u. a. die Fenster, die Kacheln und Fliesen, Spiegel, Waschbecken, Duschwanne, Heizungen etc. putzen. Ich bin kein Putzteufel, Gemütlichkeit geht vor Sterilität, aber sauber ist es bei mir. Sie müssen nicht 1000 Putzmittel kaufen, nur weil die Werbung sagt, wie toll das alles so ist. Das ist totale Geldverschwendung und dann brauchen Sie auch noch einen extra Schrank für die Putzmittel.

Aus alten Klamotten, Bettwäsche und Handtüchern können Sie noch ganz toll Putztücher machen. Die müssen dann auch nicht immer in die Wäsche, sondern können entsorgt werden. Wenn Sie alte Blusen wegschmeißen wollen, trennen Sie vorher die Knöpfe ab, manchmal kann man andere Sachen damit aufpeppen.

Einkauf Lebensmittel in ALP, Drogerieartikel und auch Medikamente z. B. Hustensaft, Sportgel, Wundsalbe etc. in Drogeriemärkten. Und wenn Sie wirklich mal Sachen aus der Apotheke benötigen, immer nach der preiswerteren Marke fragen, die sind billiger und genauso gut.

Brot, Gebäck etc. bei ALP oder bei den Billigbäcker-Ketten, ist immer superfrisch und legger. L verkauft

Brot vom Vortag 50 % billiger, das ist dann immer noch frisch. Soll angeblich sogar gesünder sein, wenn das Brot nicht ganz frisch ist.

Bei P gibt es manchmal so ein Heft mit Coupons drin, wo man dann 2 Artikel für den Preis von 1 kaufen kann, also 2 für 1.

» Obst, Salat und Gemüse hole ich immer beim Türken, es ist frischer und ich brauche nicht die großen abgepackten Sachen holen, die es bei ALP gibt, da es sich in einem Single-Haushalt nicht lohnt, dann lieber frisch holen. Die haben übrigens auch legger Fladenbrot.

» Manchmal haben die ALP die Preise runtergesetzt, bis 30 %, das Mindesthaltbarkeitsdatum droht in 2 bis 3 Tagen, die Sachen sind OK, die können Sie noch länger essen. Wir schmeißen eh zu viel Lebensmittel weg.

» Die Angebote, die es bei ALP gibt (Pflanzen, Klamotten, Schuhe, Geschirr, Bettwäsche etc.) sind gut, manchmal, wenn man es nicht dringend braucht, ruhig abwarten, die werden noch mal runtergesetzt. Habe mir mal Sportschuhe für 12,95 gekauft, die lagen vorher bei 19,95. Na, das ist doch ein Schnäppchen und bequem sind die auch noch.

» Angebote, z. B. Konserven, die nicht schlecht werden, oder Drogerieartikel immer bunkern. Tja, da lass ich die Vorrats-Else raushängen. Hat aber auch den Vorteil, wenn mal Schietwetter ist oder Sie sind krank, da brauchen Sie dann nicht raus. Ich habe immer etwas im Haus.

» Drogerieartikel von ALP oder die tollen Eigenmarken der Drogeriemärkte, die sind teilweise sogar besser als Markenartikel. Schauen Sie das mal unter Stiftung Warentest nach. Und die Proben, die es so gibt, da mache ich mir manchmal einen richtigen Wellness-Tag, ich rieche nach Produkten, die ich gar nicht kannte und an jeder Ecke anders, hat auch mal was. Und anschließend hat Frau einen Berg von Verpackungsmüll. Wenn ich manchmal so eine Cremetube ausquetsche, denke ich, dass das so ähnlich ist wie heutzutage die Arbeitnehmer ausgequetscht werden. Alle und kaputt und schon biste weg. Wir leben in einer Wegwerfgesellschaft, das gilt auch für Menschen.

» Wenn der Seifenspender fast alle ist, etwas Wasser rein füllen und dann wird auch der letzte Rest verbraucht. Flaschen z. B. Bodylotion, Duschgel, Shampoo etc. auf den Kopf stellen, da läuft noch ne ganze Menge zusammen. Einige Männer sollte Frau auch mal auf den Kopf stellen, so eine Durchblutung des Gehirns täte manchem mal ganz gut. Tages- und Nachtcreme gibt es bei mir schon lange nicht mehr. Auf der ALP oder in den Drogeriemärkten haben alle eine Softcreme, 250 ml für ca. 1,30 €, die ist total klasse. Und ich habe eine Haut wie ein 16-jähriger Pfirsich.

» Leitungswasser statt Mineralwasser, ist genauso gut, wenn nicht sogar noch besser, da es häufiger überprüft wird.

» Socken oder Kniestrümpfe immer im Mehrfachpack kaufen, also gleiche Farbe und Modell, wenn dann mal eine Socke kaputt ist, haben Sie immer noch welche in Reserve und brauchen nicht das Paar wegzuschmeißen. Sie können natürlich die Socke auch stopfen, aber ich kann das nicht, bin da total untalentiert.

» Genauso, was das Bügeln angeht, da stell ich mich so dämlich an, was soll es, kaufe nur bügelfreie Klamotten. Und was das an Strom spart.

» Tolle Kleidung, Schuhe, Deko-Artikel gibt es auch in den ausländischen Läden.

Ich habe ja mal im Imbiss so ein paar Rollen Klopapier, na ja äh ... mitgenommen. Nächsten Tag kommt meine Freundin und sagt, bei mir im Bad stinkt das nach Pommes und altem Fett. Mache ich nie wieder, voll peinlich. Und hinterher habe ich mir auch noch so vorgestellt, wenn mir was passiert, und ich muss womöglich ins Krankenhaus und die finden da das Klopapier im Rucksack. Die überweisen mich doch sofort in die Psychiatrie.

Zahlen Sie bar, bei Kartenzahlung verlieren Sie total den Überblick. Ich hole mir einmal im Monat von der Bank mein Geld und teile es mir über den Monat ein. Wenn es alle ist, Pech, gibt es halt Nudeln mit Ketchup oder Ketchup mit Nudeln.

L ist ja mein Favorit ... vielleicht liest ja jemand aus dem L-Management dieses Buch und ist dann der Meinung, diese Frau werden wir sponsern. Wäre ja ein netter Nebeneffekt. Ich habe mich da zwar auch mal als Verkäuferin beworben und eine Absage bekommen, aber ich bin ja nicht nachtragend.

MEINE KOCHREZEPTE

So wirklich habe ich es ja nicht mit Kochen und Backen, ich überlebe seit meinem 18. Lebensjahr mit Konserven und Tiefkühlkost. Ja ich höre Sie buhen, mir geht es gut dabei. Bäh ... Bei dem Begriff „vegan" wird mir schon übel. Das kann doch nicht gesund sein. Oder?

» 1 Dose Heringsfilets (ca. 69 Cent) in Tomatensoße, etwas Salz, Pfeffer, Zwiebel und Schnittlauch. Gut mit der Gabel durchmanschen, toller Brotaufstrich. Geht auch mit anderen Fischkonserven.

» Wenn im Kühlschrank die totale Ebbe ist, ein Knäckebrot oder Brot mit Butter/Margarine und Salz oder Zucker drauf ist auch mal ganz lecker.

» 1 Tiefkühl-Lasagne, (L: 1,25 Euro), wenn der Käse oben schon goldig aussieht und blubbert, Bacon oder Kabanossi-Stückchen obendrauf tun und noch ca. 10 Minuten im Backofen lassen, nach 5 Minuten Herd aus und – Nachwärme nutzen.

» Ne Pizza können Sie auch so aufpeppen. Pizzen immer im 3-er-Pack kaufen, ist einfach billiger. Ich habe auch nur ein Eiswürfelfach und es passt irgendwie immer, wenn Sie die Pizzen aus dem Karton nehmen.

» Nudeln, immer klasse, ob mit oder ohne Ketchup. Oder eine Dose Gulaschsuppe (ca. 99 Cent), schmeckt genauso gut wie „normales" Gulasch.

» Joghurt oder Quark ohne Frucht kaufen und mit Marmelade, Honig oder Obst aufpeppen. Ist bestimmt gesünder.

» Erbsen, Bohnen oder Linsen bringen den Darm zum Grinsen (Dose unter 1 Euro bei ALP) mit Würstchen (aus dem Glas oder Dose) oder Bacon, noch etwas Wasser, Salz und Pfeffer. Meine Eltern geben mir immer eine halbe Kabanossi (so eine richtige vom Schlachter) mit, die kann man kleinschnippeln und anbraten und auch in den Eintopf tun. Sehr gut. Bei mir reicht so eine Dose für 2 bis 3 Tage. – Im Winter Grünkohl oder Sauerkraut mit Mettenden, billig, legger, reicht auch für 2 bis 3 Tage. Wenn es die Finanzen zulassen, ein Stück Kassler oder Schweinebacke dazu.

» Und eine Tütensuppe tut es manchmal auch.

» Kräuter- oder Früchtetee kochen, in Kühlschrank stellen, schmeckt und ist gesünder als Brause oder Cola.

» Und wenn Sie sich zum Frühstück ein Ei gönnen, kochen Sie gleich 2 oder 3, hart kochen und zur Wanderung mitnehmen, hier kommen dann auch die kleinen Salztütchen ins Spiel.

» Brot, das nicht mehr so ganz frisch ist, ab in den Toaster, sie können fast jedes Brot toasten.

Wenn Sie hier jetzt die Wahnsinns-Rezepte erwartet haben, muss ich Sie ja enttäuschen, bin halt nicht so die Küchenfee. Sonderlich gesund hört sich das auch nicht an, aber wenn Sie zwischendurch mal Obst, Salat, Gemüse und Vollkornprodukte essen, ist das alles nicht so schlimm. Und Sie können mir glauben, ich bin auch gesund, trotz nicht immer einwandfrei gesunder Ernährung, m. E. wird da teilweise auch zu viel Brimborium drum gemacht. Und vegan geht gar nicht, am schärfsten finde ich immer die Veganer, die Lederschuhe und Pullover aus reiner Schafswolle tragen. Merken die noch was? Die machen einen Trend mit, ohne mal wirklich nachzudenken. Und egal was Sie auf dem Herd oder im Backofen machen, immer Nachwärme nutzen, Vorheizen können Sie sich m. E. schenken. Das spart richtig Strom. Und wissen Sie was, ich sehe richtig gut genährt aus. Vielleicht sollte ich mich mal bei „Deutschlands nächstes Top-Moppel" bewerben. Für Kurven-Model müsste ich mir noch mehr anfuttern.

DRAUSSEN UND UMSONST/
OUTDOOR-EVENTS

(MANCHMAL AUCH DRINNEN, ALSO INDOOR)

Hier können Sie Pfand sammeln, die Promotion-Stände abklappern und Sie kommen unter Leute und sehen mal etwas anderes. Außerdem finde ich gerade die Sportveranstaltungen immer spannend. Sie sollten aber schon gut zu Fuß oder auf dem Rad sein, wenn Sie eine Fahrkarte kaufen müssen, um irgendwohin zukommen, rechnet es sich meist nicht mehr so wirklich.

Kostenlose Eintrittskarten für Theater, Konzerte etc. gibt es bei KulturLeben e.V., Neuer Kamp 31, 20359 Hamburg, *www.buero@kulturleben-hamburg.de* Hartz IV-Nachweis vorlegen. In anderen Städten gibt es auch solche Initiativen.

» Sonntags Fischmarkt (ab 9.30 gibt es die Ware billiger und ab 10.00 umsonst). Es gibt manchmal allerdings richtige Revierkämpfe, weil da halt viele Leute etwas mitnehmen. Wenn es irgendwo etwas umsonst gibt, das spricht sich rum. Ich bin da auch immer eine der ersten. – Im Foyer des Rathauses sind auch immer Ausstellungen, teilweise sehr interessant.

» Elbphilharmonie Plaza, ein toller Rund-Um-Ausblick aus 37m Höhe. Eintritt frei, wenn Sie vorbuchen wollen, kostet es allerdings 2 Euro. Es werden aus Sicherheitsgründen immer nur eine bestimmte Anzahl Besucher auf die Plaza gelassen.

» Flohmärkte

» Marathon im April (Start und Ziel an den Messehallen, Laufstrecke über Reeperbahn, Landungsbrücken, Alster, Eppendorf etc.)

» Ausstellung bei Gruner & Jahr, Am Baumwall 11, z. B. im Mai „World Press Photo", Eintritt frei.

» Hafengeburtstag im Mai

» Harley Days im Juni am Großmarkt, Freitag bis Sonntag, Samstag in der Mönckebergstraße werden die schönsten Maschinen gekürt. Freitag- und Samstagabend Feuerwerk. Info unter *www.hamburgharleydays.de*

» HSH Nordbank Run im Juni in der HafenCity

» Open-Air Kino auf dem Rathausmarkt im Juli ab 21.00 Uhr

» Triathlon im Juli, Messe auf dem Rathausmarkt und am Jungfernstieg

» Schlagermove im Juli. Start Heiligengeistfeld, dann irgendwie über Reeperbahn, Landungsbrücken etc. Ist lustig, die Lieder kenn ich alle, wie geil ist das denn. Wir Alten kennen sie und die Jungen auch. Letztes Jahr habe ich da für 17,25 Euro Pfand gesammelt.

» Urban Challenge, Extremlauf zwischen Fischmarkt und Övelgönne. Start beim Cruise-Terminal Altona. Die

Teilnehmer müssen 20 Hindernisse auf 10 km überwinden, z. B. Kletterwände, geparkte Feuerwehrautos, Baugerüst, Röhren. Findet meistens im August statt.

» Iron Man auf dem Rathausmarkt (Messe) und an der Binnen- und Außenalster im August. Die Jungs und Mädels sind echt hart drauf.

» Cyclassics im August, am Rathausmarkt und am Jungfernstieg sind Stände und auch an der Strecke zu stehen macht Spaß, die haben ein Wahnsinnstempo drauf.

» CSD (Christopher Streetday) im August. Umzug, da schmeißen die immer Kondome, natürlich unbenutzte (hoffe ich auf jeden Fall), von den Trucks, hatte zwar seit 6 Jahren keinen Sex mehr, aber bin immer gerüstet. Achtung, die Teile haben ein Verfallsdatum!

» Alstervergnügen an der Binnenalster und am Jungfernstieg im September

» Cruise Days am Hafen und an den Kreuzfahrtterminals Altona und HafenCity im September.

» Rockspektakel auf dem Rathausmarkt im September (Freitag bis Samstag), Eintritt frei. Dort treten viele Bands auf, teilweise für jeden Geschmack etwas.

» Tag der offenen Moscheen, 3. Oktober, die Moschee an der Alster ist wunderschön und die Moschee in der Böckmannstraße auch. Eintritt frei. Saubere und heile

Strümpfe anziehen, in der Böckmannstraße müssen Sie die Schuhe ausziehen.

» Stadtteilfeste

» Absolutes Highlight im März an der Krugkoppelbrücke und November an der Rathausschleuse sind die Alsterschwäne, sie werden im Frühjahr von Schwanenvater Nieß (*www.alsterschwaene.de* oder Tel. 040-428042495) in die Alster gebracht und im November holt er sie wieder ins Winterquartier am Eppendorfer Mühlenteich. Wenn er die Schwäne im Frühjahr bringt, das ist so schön, die schwimmen wie eine Armada in die Freiheit zurück und schlagen mit den Flügeln, die freuen sich total, wieder auf der Alster zu sein. Irgendwie kommen mir da immer etwas die Tränen. Bin bei so was etwas nah am Wasser bzw. an der Alster gebaut.

Und dann gibt es ja noch Public Viewing, auf Deutsch: Öffentliches Glotzen, das machen die ja meist bei EM, WM oder DFB-Pokalfinalspielen. Ist zwar nicht so mein Ding, aber ich war einmal dabei und die Stimmung war echt gut. Und da ist nicht so eine Randale wie im Stadion und es kostet nix und man kommt heil wieder raus.

Bei vielen dieser o. g. Veranstaltungen gibt es Feuerwerk, einfach etwas zu trinken und zu essen mitnehmen und ein gutes Plätzchen suchen.

» Solche Veranstaltungen gibt es in jeder größeren Stadt.

Sollte ich Ihr Interesse an Laufveranstaltungen, egal ob aktiv oder passiv, geweckt haben, besorgen Sie sich in den

Hamburger Sportfachgeschäften „Laufen in Hamburg", das Heft ist kostenlos, erscheint Anfang des Jahres und ist sehr informativ. Meistens liegt das Heft auch bei den Läufen aus. Das Heft „Sommer in der HafenCity" ist auch sehr informativ und liegt überall dort aus, interessante Veranstaltungen z. B. Tango, Swing, Latino oder Poetry Slam, meist draußen und umsonst. Da war mal eine Veranstaltung mit Tango aus Argentinien, da habe ich bei der Musik geträumt, ich wäre da, es schien die Sonne, roch nach spanischem Essen, Illusion perfekt. War ein klasse Nachmittag.

Die Beute, die man bei Events macht, ist reichlich: Lebensmittel, Getränke, Duschgel, Kugelschreiber, Blöcke, Zahnpasta, Naschkram etc. Natürlich alles schön mit Werbeaufdruck. Und teilweise Pfand ohne Ende, wenn es von Getränkeherstellern gesponsert wird, aber auch so, weil die Leute die Flaschen und Dosen nicht wieder mitnehmen. Überhaupt verteilen die Firmen, die so ein Event sponsern, reichlich Werbeprodukte. Muss allerdings zugeben, dass die teilweise auch geiziger geworden sind. War am Samstag beim Triathlon und da lag bei den Proben von Duschgel und Bodylotion ein Zettel „Bitte nur 1 Probe", wussten die, dass ich komme? Habe aber gefragt, ob ich von jeder Sorte eine Probe nehmen darf, die konnte meinem Geierblick nicht widerstehen und hat es mir erlaubt. Die soll sich nicht so anstellen, sie muss es doch nicht aus eigener Tasche bezahlen.

» Kirchenkonzerte (meist klassisch, aber wer es mag, ich finde das manchmal ganz schön)

» Straßenmusiker (z. B. in der Spitalerstraße)

» Überseeboulevard (HafenCity) Open Air Fotoaus-
stellungen (Fotos vom Hafen, Küstenlandschaften,
Tierfotos, etc.), ganzjährig, kein Eintritt

» Greenpeace, Hongkongstraße 10 (HafenCity), Di. bis
Fr. 10.00 bis 17.00

» Tag der offenen Tür (siehe Plakate an den Litfaßsäulen)
ganzjährig und Eintritt frei, außer am Flughafen!

Hier kostet es etwas Eintritt:

» Miniaturwunderland (Speicherstadt) (manchmal
machen die so eine Aktion für Arbeitslose etc., meist
im Januar, und dann kostet es nix). Da kann man
auch öfter mal hin, die machen immer wieder etwas
Neues, außerdem kann man auch beim 10. Besuch
nicht alles sehen. Da können Sie auch fotografieren.

» Zollmuseum, Alter Wandrahm 16 (Speicherstadt),
Kinder bis 17 Jahre frei. Ist sehr interessant, man
kann u. a. lernen, wie man schmuggeln kann bzw.
lieber nicht, die vom Zoll sind schlau ☺

» St. Pauli Museum, Davidstraße 17 (St. Pauli). Auch
sehr bildungsreich. Ein kleines und total niedliches
Museum, Sie dürfen dort auch fotografieren und etwas
trinken, während Sie durchgehen. Ist total gemüt-
lich da und ganz liebes Personal. Ich habe da mal die
Ausstellung „Starke Frauen" gesehen, Domenica und
andere Frauen vom Kiez.

» „Vom Tatort bis in den Gerichtssaal" UKE Pathologie, Ausstellung Gerichtsmedizin und Historisches Museum. Ist für mich als passionierte Krimileserin total interessant. Wie das alles so gemacht wird mit der DNA, Fingerabdrücken, ein nachgestellter Tatort usw.

» Polizeimuseum. Auch total interessant, Uniformen von früher, Verhöre die Sie sich über Kopfhörer anhören können, z. B. den S. Pauli-Killer, voll gruselig.

Öffnungszeiten sind hier nicht angegeben, da sie sich teilweise saisonal ändern können.

WANDERN/TREKKING

Ich bin ja so eine Wander-Else. Es gibt nix Schöneres, als in der Natur zu sein. Mit Paula, meinem Fahrrad oder mit Freundin (habe, seit ich Hartzerin bin, nicht mehr so viele Freunde, dafür aber richtig gute) oder auch alleine. Wenn Sie alleine unterwegs sind, bekommen Sie so richtig den Kopf frei. Für mich ist das fast schon wie Meditation. Habe aber immer auch ein Buch und die Lesebrille, brauche ich mittlerweile, dabei. Zu Ausflügen immer Proviant mitnehmen, manchmal ist aber auch eine Currywurst mit Pommes drin. Entweder zu Fuß, mit dem Rad oder mit den öffentlichen Verkehrsmitteln, Gruppenkarten und Tageskarten sind oft billiger als Einzelfahrausweise.

Tageskarte ab 9.00 Uhr 6,40 Euro (und Sie können 3 Kinder von 6-14 Jahren mitnehmen). Ich weiß immer nicht, wo ich die Gören herkriegen soll, die wollen nicht mit, die wehren sich. Gruppenkarte bis 5 Personen, ab 9.00 Uhr, 12,00 Euro (lohnt sich schon bei 2 Personen) Kinder unter 6 Jahren fahren immer kostenlos mit.

Am Wochenende und an Feiertagen gelten o. g. Karten ganztägig. Und das Tolle, Sie können mit diesen Karten auch die Fähren am Hafen benutzen. Ist das was?! Warum also eine Hafenrundfahrt machen, die nehmen mittlerweile 18 bis 20 Euro, die haben ja echt einen Knall. Wie soll das eine Familie mit 2 Kindern (je 9 Euro) bitte bezahlen?

Habe mal so ein Oma-Sitzkissen gefunden, irgendwie so wie eine kleine Isomatte, so kann ich auch auf einer nassen oder kalten Bank sitzen und mich mal ausruhen, ohne gleich eine Blasenerkältung oder einen nassen Hintern (Hämorrhoiden) zu bekommen. Ne Blasenerkältung in meinem Alter ist bestimmt nicht mehr witzig Hamburg ist eine der schönsten Städte, es kommen jährlich tausende von Touristen hierher und wir leben hier, das ist doch voll klasse. Als ich mal beim Fischrestaurant anstand, um mir ein Fischbrötchen zu kaufen, stand da hinter mir so eine Touristenfamilie mit 2 kleinen Kindern, die waren am quengeln ohne Ende „wir wollen eine Hafenrundfahrt machen", den Eltern war das natürlich zu teuer, habe mich umgedreht und sie gefragt, ob sie eine Gruppenkarte haben, hatten sie, schon sind sie Fähre gefahren, und mir haben sie als Dank mein Matjesbrötchen und meine Cola bezahlt. Haben immer noch eine Menge gespart. Hätte ich geahnt, dass die mir das Essen zahlen, hätte ich ja Kaviar und Champagner bestellt. Also die Tipps auch ruhig mal weitergeben, lohnt sich und wenn es nur ein liebes Danke ist. Mich baut so etwas auf. Pfandfinderspruch: „Jeden Tag eine gute Tat." Und wenn ich so eine Wanderung hinter mir habe, setzte ich mich zuhause in meinen Ohrensessel, Hörbuch oder CD an, Kopfhörer auf, Kerzenlicht, Tüte Chips und der Abend klingt richtig gut aus. Danach kann ich richtig gut schlafen. So ein Kopfhörer-Abend macht auch richtig Spaß, wenn es draußen regnet, stürmt oder schneit. Ich genieße dann, dass ich es in meiner warmen Bude so gut habe. Ich empfinde das richtig als Luxus.

Das billigste Ausflugsziel ist der Balkon. Santa Gerania oder Santa Begonia, kommt drauf an. Also wenn schönes Wetter ist, raus auf den Balkon, Italo-Pop aus dem Ei-Pott an, Pizza auf den Tisch und schon sind Sie in Italien. Spanische Musik und Paella und schon sind wir auf Malle, allerdings ohne Sangria aus dem Eimer. Bei dem Gedanken wird mir ja schon schlecht und dann würde ich wahrscheinlich, wenn der Eimer leer ist, vor dem Klo knien und es umarmen und die Sangria wieder auskotzen. Tut echt nicht Not. Bayern und Österreich gibt es bei mir auf dem Balkon nicht. Obwohl, es gibt schon klasse österreichische Liedermacher, der Beste ist leider schon tot. Dazu könnte man Kaiser-Schmarrn essen und ein Weißbier trinken. Muss ich mir mal Gedanken drüber machen. Und natürlich Irish Folk und Fish and Chips mit einem guten irischen Bier, ne Stulle mit guter Butter aus der Grafschaft Kerry (wenn die im Angebot war) tut es auch.

» Volkspark, riesiges Parkgelände zum Wandern (S21 bis Stellingen oder Bus 3 bis Stadionstraße und vorher durch den Dahliengarten, Ausgang Volkspark).

» Stadtpark, auch hier ein riesiges Parkgelände mit Badesee und Grillwiesen. Im Sommer teilweise etwas überlaufen. Ein Blick ins Planetarium empfiehlt sich auch. (z. B. U3 bis Saarlandstraße).

» Garten der Schmetterlinge und Sachsenwald (S21 bis Aumühle oder Friedrichsruh). Zwischen Aumühle und Friedrichsruh ist noch ein Eisenbahnmuseum, ist auch interessant und kostet keinen Eintritt. Ist mitten im Wald und auf dem Weg zum „Garten der Schmetterlinge", Eintritt ermäßigt 7,50 Euro. Achtung, die haben nur von Mitte März bis Oktober, 10 bis 18 Uhr geöffnet.

» Dahliengarten: Hier gibt es bis zu 12.000 Dahlien in allen Farben und Formen, einfach wunderschön. Öffnungszeiten: Anfang August bis ca. Ende Oktober (bis zum ersten Frost), täglich von 8.00 bis 20.00 Uhr. (Bus 3 bis Stadionstraße) *www.dahliengarten-hamburg.de*

» Planten un Blomen und Wallanlagen im Winter mit Schlittschuhbahn, im Sommer einfach ein großer und toller Park, der mitten in der City liegt. Ganzjährig geöffnet. (U3 bis St. Pauli oder U1 bis Stephansplatz).

» Elbwanderweg (ab Hafen immer geradeaus oder z. B. ab Blankenese (S1 oder S11). Egal in welche Richtung Sie gehen, immer toll, große Schiffe gucken und manchmal fliegt von Airbus so ein „Riesen-Flieger" über Sie hinweg. Wenn Sie richtig gut sind, können Sie auch bis nach Schulau zur Schiffsbegrüßungsanlage gehen. Ist eine schöne Strecke, am Falckensteiner Ufer vorbei und immer an der Elbe längs. Da müssen Sie aber gut zu Fuß sein. Ich habe es mal ab Blankenese gemacht und war richtig alle hinterher.

» Alsterwanderweg (S1 oder S11 bis Ohlsdorf oder Poppenbüttel) von Poppenbüttel bis zur Binnenalster geht der Alsterwanderweg (ca. 21 km). Es ist eine wunderschöne Strecke, wenige Menschen sind da unterwegs und teilweise sind auf der anderen Seite der Alster wunderschöne Häuser, na ja da sind teilweise schon richtige Villen zu sehen.

» Hafen, Speicherstadt, Hafencity (U3 bis Baumwall oder Landungsbrücken). Ich liebe den Hafen, das Wasser, die Schiffe. HafenCity ist Geschmackssache, hat aber auch schöne Ecken, u. a. Magellan-Terrassen mit Museumsschiffen. Und am Hafen hat man viele Möglichkeiten, die Elbe rauf bis Blankenese oder auch nur Neumühlen. An den Landungsbrücken ist auch immer irgendwas los, und die lieben Touristen lassen auch überall ihre Pfandflaschen liegen, so machen Sie nebenbei noch ein Geschäft.

» Außenalster (U1, U2, S1, S11 bis Jungfernstieg und dann an der Binnenalster hochgehen bis zur Außenalster oder U1 bis Lohmühlenstraße und dann ein kleiner Rundgang durch St. Georg bis zur Außenalster). Alster ist immer wieder schön. Joggen, walken, radeln oder mit einem Buch auf die Liegewiese. Im Frühjahr sind dann überall die kleinen Küken von den Enten, Gänsen und Schwänen. Freue ich mich jedes Jahr drauf.

» Ohlsdorfer Friedhof (U1, S1 oder S11 bis Ohlsdorf). Dieser Friedhof ist mit 389 Hektar der größte Parkfriedhof der Welt. Es gibt 450 verschiedene Laub- und Nadelholzbaumarten, Teiche und Bäche, wo sich die Wasservögel tummeln (wenn sie nicht von der Geflügelpest hingerafft wurden). Sie können dort immer wieder hingehen und entdecken immer etwas Neues.

» Finkenwerder (mit der Fähre Nr. 62 ab Landungs-brücken). Da können Sie sich ganz toll hinsetzen und die andere Seite der Elbe mal kennenlernen, tolle Aussicht auf die andere Seite, wo sich teilweise die Menschenmassen längs schieben.

» Botanischer Garten, heißt seit 2012 Loki-Schmidt-Garten (S1 oder S11 bis Klein Flottbek). Einfach toll zu jeder Jahreszeit, ruhige Ecken mit Bänken zum Entspannen, sorry, das heißt ja heute „chillen" oder lesen. Sie können sich da stundenlang aufhalten, tolle Pflanzen und Bäume. Total liebevoll alles angelegt. Der Garten gehört zur Uni Hamburg, der Eintritt ist frei und manchmal gibt es dort Veranstaltungen, die dann ein wenig Geld kosten.

» Buxtehude und Stade (S31 bis Buxtehude oder Stade). Total süße kleine Orte mit vielen Fachwerkhäusern und Natur ringsum.

» Wohlers Park, ehemaliger Friedhof Norderreihe (S31 bis Holstenstraße, Bus 25 bis Max Brauer Allee Mitte). Sehr ruhig, ganz alter schöner Baumbestand. Viele Leute machen da Tai Chi, das sieht total anmutig aus, ist aber, glaube ich, nicht so mein Ding.

» Blankenese (S1 oder S11 bis Blankenese und dann z. B. durch das Treppenviertel nach unten zum Elbwan-derweg, entweder Richtung Hafen oder Willkomm

Höft/Schulau gehen). Umgekehrt ist die Nummer zu anstrengend, wenn Sie da oben angekommen sind, müssen Sie an die Herz-Lungen-Maschine.

» Volksdorf (U1 bis Volksdorf). Da ist ein schöner Park und ein Museumsdorf. Ein alter Bauernhof mit Schweinen, Gänsen und Ziegen, kleines Café und ein wunderschöner Blumengarten, total idyllisch.

» Bergstedt (U1 bis Ohlstedt und dann mit dem Bus 174 bis Bergstedter Markt). Traumhaftes Spazierengehen an Pferdewiesen vorbei, da ist so ein kleiner Weiher mit Libellen und ganz vielen Seerosen. Wunderschön dort.

» Boberger Dünen (S21 bis Mittlerer Landweg). Toll zum Wandern, manchmal kann man auch Segelflugzeuge sehen, da dort auch ein Segelflugplatz ist, ansonsten Dünen und Heide. Unter der Woche ist es dort sehr ruhig und wenn Sie so stundenlang die Dünen rauf und runter sind, haben Sie am nächsten Tag Muskelkater, können aber gut schlafen.

» Altes Land (S3 bis Buxtehude, Bus 2031, Achtung der fährt sonntags nicht) bis Jork oder S3 bis Stade, Bus 2357 Richtung Cranz und steigen irgendwo im Alten Land aus). Wunderschön zur Kirsch- und Apfelblüte. Weitere Infos unter: *www.mein-altes-land.de*

» Wasserkunst Elbinsel Kaltehofe und Wasserforum (ermäßigter Eintritt 3,80 Euro) (U1 bis Steinstraße, Bus 3 bis Kraftwerk Tiefstack oder Bus 120 bis Zeltplatz Altengamme). Hier können Sie sich stundenlang aufhalten und spazieren gehen und das geht dann ohne Eintritt. Von 1893 bis 1990 war hier das Elbwasser-Filtrierwerk der Hamburger Wasserwerke. Heute werden die nicht mehr genutzten Wasserbecken von Vögeln, z. B. dem Zwergtaucher als Rast- und Brutplatz genutzt. Hier lebt auch ein Drittel der vorkommenden Fledermausarten, die sind allerdings nur nachts unterwegs.

» Wohldorf-Ohlstedt (U1 bis Ohlstedt). Dann ein kurzer Fußweg und Sie sind am südlichen Ende des Wohldorfer Waldes). Die Naturschutzgebiete Wohldorfer Wald (größter Laubwald Hamburgs) und Duvenstedter Brook sind traumhaft schön. Ohlstedt und Wohldorf sind Nobelvororte, aber gucken kann man ja mal. Im ländlichen Wohldorf gibt es einen historischen Guthof und alte Villenalleen.

» Dockland „Salino", heißt nicht so, sieht aber aus wie ein Salino, das hat so ein Stararchitekt entworfen, sieht toll aus, da können Sie die Treppen hoch, 142 Stufen bis zur Dachterrasse, Sie sind zwar total kaputt, wenn Sie da oben sind, aber der Ausblick ist es wert. (Fähre 62 ab Landungsbrücken Brücke 3 oder zu Fuß ab Landungsbrücken in Richtung Övelgönne, immer an der Elbe entlang, Sie können es nicht verfehlen.) Daneben ist noch der Kreuzfahrtterminal, ist auch interessant, wenn da so ein Riesenpott liegt, da können Sie auch die Treppen hoch und direkt auf das Schiff gucken.

» Eppendorfer Moor: Total romantisch mit einem Teich, wo die Frösche quaken, Pferdekoppeln und viel Grün. (U1bis Lattenkamp und mit dem Bus 292 bis Israelitisches Krankenhaus oder bis 114 bis Rosenbrook)

» Niendorfer Gehege: Hier ist es auch verdammt grün, viele Kleingärten, total niedlich, hier können Sie stundenlang wandern. (U2 Bis Hagenbecks Tierpark und dann weiter mit dem Bus 181 bis Niendorfer Gehege oder Jaarsmoor)

» Willkomm Höft in Schulau (S1 bis Wedel, ab Wedel Bus 189 bis Wedel Elbstraße, Willkomm Höft). Ist toll dort, wenn die Schiffe begrüßt oder verabschiedet werden mit der jeweiligen Nationalhymne, hat so was von Gänsehautatmosphäre. Ich muss da immer heulen, Nationalhymne und auslaufendes Schiff, das geht überhaupt nicht.

» Altonaer Hauptfriedhof: Hier sind auch viele ehemaligen HSV-Spieler beerdigt, sehr schönes Gelände und nicht so überlaufen, wie der Ohlsdorfer Friedhof, vielleicht weil er nicht so bekannt ist. (Bus 3 bis Stadionstraße). Können Sie gut mit dem Volkspark und dem Dahliengarten verbinden.

» Eichbaumsee: Schöner Badesee, eignet sich gut zum Entspannen. Es sind Duschen und WC vorhanden, schöner Sandstrand und Liegewiese, Grillen dürfen Sie da auch. Und ganz wichtig, es gibt einen Kiosk dort, ein Eis ist ja mal drin auch bei Hartz IV. (S21bis Mittlerer Landweg).

» Öjendorfer Park, Friedhof und See. Wunderschön gelegen, ruhige und gepflegte Anlage. Am See kann man wunderbar entspannen oder in aller Seelenruhe ein Buch lesen. (U4 bis Horner Rennbahn und dann mit dem Bus 461 bis Öjendorfer Friedhof).

» Wildgehege Klövensteen, Gehege mit Rot-, Dam-, Sika-, Muffel- und Schwarzwild sowie Mardern, Uhus und Nerzen. Schöne Wanderwege durch den Wald, ich liebe diesen Geruch im Wald, vor allem im Herbst. Im Herbst können Sie auch Pilze sammeln, aber nur, wenn Sie sich damit auskennen, ich traue mich das nicht, hänge an meinem Leben. (S1 bis Rissen).

» Wildgehege Hirschpark, Gehege mit Damhirschen und ein traumhafter Elbblick (S1 und S11 bis Blankenese, Bus 22, 36, 286 bis Mühlenberg).

» Elbpark Entenwerder, eine wunderschöne Halbinsel mit Blick auf den Hafen, die Elbbrücken und die Kirchtürme der Innenstadt. Wenn Sie über die Brücke gehen, kommen Sie auf eine schwimmende Gastro-Insel mitten in der Norderelbe. Auch hier kann man sich mal einen Kaffee gönnen, der Blick und die Atmosphäre sind es wert. Einen Spielplatz für die Kids gibt es hier auch. (ab Hbf./Steintorwall Bus 3 bis Kraftwerk Tiefstack oder 124 bis Bergedorf oder S2 bis Tiefstack und Bus 120 bis Billhorner Deich. Sie können auch die S21 oder S2 bis Rothenburgsort nehmen).

» Holmer Sandberge, S1 bis Wedel und weiter mit dem Bus 594 bis Holm/Kessy. Ein wunderschönes Landschaftsschutzgebiet mit bewaldeten Dünen.

» Wittenberger Elbwiesen, S1 bis Blankenese und mit dem Bus 189 bis Wittenberger Weg. Ein total schöner, ruhiger Elbstrand in einem Naturschutzgebiet.

» Marschbahndamm, S21 bis Bergedorf, weiter mit dem Bus 124 bis Teufelsort. Dies ist eine ehemalige Kleinbahnstrecke von Bergedorf in die Vier- und Marschlande. Eine schöne Fuß- und Fahrradstrecke durch die Vierlande.

» Museumshafen Övelgönne/Elbstrand, U3 bis Landungsbrücken und weiter mit der HVV-Fähre 62 bis Neumühlen/Övelgönne. Zu Fuß am Strand zur Strandperle oder weiter und große Pötte gucken. Oder Badezeug mitnehmen und schwimmen und sonnen. Fast wie auf Malle nur ohne eimerweise Sangria.

» Jenischpark, S1 bis Othmarschen und weiter mit dem Bus 286 bis Holztwiete. Großer Park mit Elbblick und klassizistische Senatorenvilla aus dem 19. Jahrhundert. Da sind ein Museum und ein Café drin, war aber noch nie drin, ist einfach zu preisintensiv. Ist halt eine vornehme Gegend.

» Naturschutzgebiet Bunthäuser Spitze S3 bis Wilhelmsburg und weiter mit dem Bus 351 bis Freiluftschule Moorwerder. Sie befinden sich hier am südöstlichen Ende der Elbinsel Wilhelmsburg mit historischem Leuchtturm zwischen Norder- und Süderelbe.

Viele Ausflüge lassen sich auch miteinander verbinden, z. B. Dahliengarten – Volkspark – Altonaer Hauptfriedhof.

Die hier angegebenen Bahn- und Busverbindungen sind Vorschläge. Es gibt immer mehrere Wege, gerade bei Parks oder Wanderwegen. Und es kommt natürlich darauf an, aus welcher Ecke von Hamburg Sie kommen. Das Schöne ist ja, dass wir solche Ausflüge unter der Woche machen können, da tummeln sich dann nicht tausende von Menschen inklusive Touristen.

Ansonsten können Sie sich auch mal einen Flyer in der Tourist-Info (Hafen oder im Hauptbahnhof) besorgen oder Sie schauen unter *www.hamburg.de* nach. Es gibt in Hamburg sehr viel zu erleben. Sollten Sie kein Ei-Phone oder Computer haben, gehen Sie ins Internet-Café oder in die Zentralbibliothek. Wenn Sie mal aus Hamburg hinaus wollen, können Sie mit grünen Reisebussen fahren, die sind total billig.

In der Zentralbibliothek, Hühnerposten 1, das ist nähe Hauptbahnhof, (ist die größte Bücherhalle in Hamburg) und in allen anderen Bücherhallen zahlen Sie 20 € für ein Jahr lesen (Nachweis vom Jobcenter vorlegen), Sie können die Bücher 4 Wochen behalten, Verlängerung möglich. Neue Bestseller kosten 2,50 € für 2 Wochen, nicht verlängerbar. Für eine Leseratte ist das total klasse. Sie können sich auch alle möglichen Kurse (Sprachen, Computer etc.) auf DVD holen, also keine Ausrede „Kann mir einen Kurs nicht leisten". Natürlich können Sie sich da auch DVDs, Blu-Rays, Konsolenspiele und Videos leihen. Preise für alle Medien: Kinder bis 8 Jahre: 5 € jährlich. Kinder und Jugendliche 9 bis 17 Jahre: 8 € jährlich. ab 18 Jahre: 20 € jährlich. *www.bücherhallen.de* und

Service-Telefon: 42 60 60. Öffnungszeiten Montag bis Samstag: 11 bis 19 Uhr.

Die haben auch immer tolle Ausstellungen im Foyer und sowieso einiges an Veranstaltungen, die entweder kostenlos sind und selbst wenn sie ein wenig Eintritt kosten, für uns sowieso ermäßigt sind. Die Ausstellungen können Sie sich auch als Nicht-Mitglied angucken.

VOM JOBCENTER ERLAUBTE „NEBENTÄTIGKEITEN"

» Wohnungsauflösungen, da können Sie richtig Beute machen. Als meine Nachbarin vor 3 Jahren nach Oslo auswanderte, habe ich ihr, nett wie ich bin, natürlich bei der Wohnungsauflösung geholfen. Das war wie Weihnachten und Ostern an einem Tag.

» Vor Kurzem ist mein Nachbar verstorben und ich habe seiner Frau bei der Wohnungsauflösung geholfen, die ganzen Putzmittel, Drogerieartikel, Küchenrollen und Klopapier (3-lagig und weich, welch ein Luxus, bei mir gibt es nur das Recycling-Klopapier, 8 Rollen 1,95 Euro). Das sind alles Sachen, die Sie nicht kaufen müssen und gebrauchen können. Von seiner Frau habe ich auch noch einen ganzen Berg Hörbücher bekommen, echt klasse.

Pfand sammeln: Schreiben Sie es sich jedes Mal auf, wie viel Sie gefunden haben, am Ende des Jahres werden Sie staunen, was da zusammenkommt. Ich habe mir von meinem Pfandgeld 2014 einen Ohrensessel, in meinem Alter braucht Frau das schon und 2015 eine Matratze gekauft. Von dem Geld aus 2016 habe ich mir eine Eintrittskarte und die neue CD von einer großen irischen Familienband, die ein Wahnsinns-Comeback hingelegt hat, gekauft. Die Band ist einfach nur Lebensfreude pur. Früher, als ich noch gearbeitet habe, war ich öfter bei denen im Konzert und meine Freundin und ich hatten immer richtig Spaß, heute genieße ich so ein Event viel intensiver, weil es halt sehr selten geworden ist. Umso mehr freue ich mich drauf. Schade, dass die ganze Familie nicht mehr zusammen auftritt. Ich freue mich so auf das Konzert am 24. Februar, ich habe die Eintrittskarte ja schon 9 Monate (andere Frauen bekommen in der Zeit ein Kind). Habe die CD schon zigmal mit Kopfhörer gehört, laut und falsch mitgesungen, muss ja bis Februar textsicher sein. Meine Wellis und die Nachbarn denken bei dem Gebrüll bestimmt, ich habe einen an der Meise. Was soll es, die kennen mich schon länger. Ich freue mich riesig auf das Konzert, ich war seit 100 Jahren nicht mehr in einem Konzert. Früher bin ich immer mit einer Freundin gegangen, und wir haben ganze Tagesausflüge zu den Konzerten gemacht, Berlin, Emden, Bremen, Hannover – voll die hysterischen Fans, es war aber eine tolle Zeit. Mit der Freundin bin ich auch immer nach Irland geflogen.

» Anfangs war mir das Pfandsammeln voll peinlich, habe da immer eine Sonnenbrille aufgesetzt. Sieht bei Regen aber ziemlich dämlich aus. Mittlerweile macht es mir nix mehr aus. Bin da echt schmerzfrei geworden. Wenn am Vorabend irgendwelche Events sind, gehe ich am nächsten Morgen früh, d. h. zwischen 6 und 7 Uhr los und sammle Pfand. Da ist dann noch reichlich zu holen. Und den Abend oder Nachmittag davor war ich natürlich auch schon da. Im Sommer ist das manchmal echt Stress, da ist alle Nas lang etwas los. Das Geld liegt auf der Straße! Das lohnt sich auch an der Alster, am Hafen oder Parks, wo die Leute denn abends so hingehen zum Chillen. Voraussetzung das Wetter ist gut, sonst gehen die nicht raus.

» Promotion-Stände und Stände von Parteien mehrmals abklappern, wenn da viel los ist, bekommen die es gar nicht mit. Aber nicht großartig mit denen labern, dann merken die sich Ihr Gesicht. Ich mach das mal mit und mal ohne Sonnenbrille. Morgens, wenn die Berufstätigen unterwegs sind, so ab ca. 8.00 Uhr, stehen in den großen Bahnhöfen einige Promoter und verteilen fleißig.

» Blut spenden (Frauen 4-mal jährlich., Männer 5-mal jährlich. Aufwandsentschädigung: 18,50 Euro) oder Plasma spenden (1 mal die Woche, Aufwandsentschädigung: 15,50 Euro) spenden. Kostenloses Info-Telefon: 0800/884 25 66 oder *www.blutspendedienst-hamburg.de.*
Nicht jeder Blutspendedienst macht auch Plasma, also vorher fragen. Außerdem gibt es da immer leckeren Joghurt, Obst und Kaffee oder Saft, auch to go. Und ganz wichtig, ihr Blut wird immer untersucht (Blutbild) und auch Blutdruck ist immer im Blick. Und was Gutes tun Sie dabei auch noch.

» Marktforschung in der City (Spitaler- und Mönckebergstraße): Entweder gibt es Produkte oder ein wenig Geld. Wird in vielen Einkaufscentern gemacht. Viele nehmen auch Ihre Mail-Adresse auf und schreiben Sie dann an, wenn neue Studien anliegen.

» Apotheken: Bei vielen Apotheken (z. B. zwei mal in Altona und einmal in der City) können Sie sich am Anfang des Jahres einen Kalender mit Gutscheinen holen. Für die Gutscheine gibt es entweder Handcreme, Duschgel, Shampoo etc. Dann können Sie sich auch gleich die Rentner-Bravo mitnehmen, da sind viele Rätsel drin. Rätseln ist natürlich nicht jedermanns Sache, ich habe mich mittlerweile zum Profi gemausert, außer Sudoku, das geht gar nicht, da ich ein derart gestörtes Verhältnis zu Zahlen habe. Soll ja gut fürs Gehirn sein. Die Artikel sind teilweise sehr interessant. Aus den Kalenderbildern können Sie sich anschließend tolle Bilder machen. In die Apotheke muss man ab einem gewissen Alter ja sowieso öfter. Frau ist ja keine 50 mehr. Fragen Sie immer nach Generika (sogenannte Nachahmerprodukte), das sind wirkstoffgleiche Kopien von Markenprodukten und deswegen billiger aber genauso gut. Nachbarn helfen, z. B. wenn der Heizungsableser kommt, den Schlüssel nehmen, damit die nicht einen Tag Urlaub nehmen müssen oder Pakete annehmen. Gibt immer ein kleines „Danke". Habe letztens für 10 Tage die Wellensittiche von meinem Nachbarn genommen, das sind 2 Mädels (Sissi und Franzi), na das war lustig, meine „Männer" wollten da ja unbedingt ran, aber die beiden habe ich im Käfig gelassen. Mein Nachbar hätte sich gefreut, wenn die beiden plötzlich angefangen hätten zu brüten. Er hat die beiden geschenkt bekommen, und dachte, es sind Franz und Sissi, aber nein, es ist eine Franzi. Ich hatte ja Befürchtungen, dass meine Männchen verrückt spielen, wenn die Mädels wieder weg sind, aber nein, die waren echt sauer, weil sie nicht ran durften, obwohl sie so gebaggert haben und haben gesagt, ich solle die Zicken nicht wieder einladen. Mein Nachbar ist ein total Lieber, hat mir einen leckeren Breakfast-Tea aus London mitgebracht. Und einen Irish-Breakfast-Tea, ich bin im 7. bzw. irischen Himmel. Und wenn Mitbewohner ausziehen, auch ruhig mal in die Mülltonnen gucken, viele legen die Sachen nicht in die Finde-Ecke. Sind voll im Umzugsstress.

SONSTIGE BEUTESTREIFZÜGE

» Wenn Sie z. B. was bei den großen Drogeriemärkten kaufen, nehmen Sie vorne nach der Kassenzone Geschenkpapier und Schleife mit, kann Frau ja immer mal gebrauchen. Wenn Sie nicht gerade 10 Meter abreißen, sagt auch keiner was.

» Thema Drogeriemärkte: Die haben auch immer sehr informative Monatshefte, lesenswert und oft sind da auch Proben drin. Bei Proben fällt mir ein, Sie können auch an der Kasse danach fragen und wenn die Verkäuferin rum zickt, erzählen Sie ruhig, dass Sie Hartz IV bekommen, die sind dann so beschämt, dass sie Proben rausrücken.

» Zeitschriften von meiner Freundin und meiner Mutter werden untereinander weitergegeben. Klasse Sache.

» Werbepost, die nur einseitig bedruckt ist, zerschneiden und als Einkaufs- oder Notizzettel verwenden.

» Marathon, die Läufer schmeißen ihre Klamotten, wenn es ihnen zu warm wird, weg, meist gleich am Anfang, Sie brauchen also nicht die ganzen 42,195 km mitlatschen. Ich habe da schon richtig tolle Markenklamotten abkassiert, einmal in die Waschmaschine und gut ist.

» Viele Leute legen in Treppeneingänge oder irgendwelche Ecken Sachen, z. B. Bücher, Deko-Gegenstände, Klamotten, mit dem Hinweis „zu verschenken" ab, ich kenne allein in St. Georg drei solcher Ecken und noch unseren Keller. Sollte es in Ihrem Keller oder Treppenhaus keine „Finde-Ecke" geben, dann machen Sie doch eine auf. Andere Mieter sind vielleicht nur noch nicht auf die Idee gekommen.

» Es ist überhaupt erstaunlich, was Frau so auf der Straße finden kann, Packungen Papiertaschentücher, Geld, Haarbänder und natürlich Pfandflaschen, also immer schön die Augen aufmachen.

Machen Sie sich mal eine Liste und schreiben Sie sich jeden Cent (Pfand, gefundenes Geld, Blut- oder Plasmaspende etc.) auf, Sie werden sich wundern, was da am Ende des Jahres zusammengekommen ist. Und noch was, legen Sie dieses Geld zur Seite und gönnen sich was Schönes.

Manchmal denke ich, dass ich aufpassen muss, mich nicht zu einem Messie zu entwickeln, teilweise, wenn ein Event das nächste jagt, sieht es bei mir aus wie im Warenlager einer Werbeagentur.

Geschenktem oder gefundenem Barsch guckt man nicht hinter die Kiemen. Erst mal mitnehmen ist die Devise, wegschmeißen kann ich selbst. Nix ist geiler als mit vollen Beutetaschen nach Hause zu kommen und auszupacken. Sachen, die ich selbst nicht brauche, verschenke ich weiter, macht sich immer gut, auch mal etwas geben, wie war das: „Geben ist seliger denn Nehmen", na ja manchmal schon und irgendwie zahlt es sich immer aus.

Ehrenamt/Volunteer

Ich bin seit April 2012 einmal die Woche als „Grüne Dame"
im Krankenhaus als Lotsin tätig, das heißt, ich bringe
Patienten oder Angehörige zu den Stationen oder Ab-
teilungen, die sind meist sehr hilflos, vor allem Männer
sind dort ohne Navi total aufgeschmissen: Ich muntere
die Patienten etwas auf, indem ich mit ihnen schnacke
und auch mal Scherze bringe. Mir macht das total Spaß,
ich habe einmal die Woche einen festen Termin, hinterher gehen wir Kolleginnen und Kollegen (ja, wir haben 3
Herren, wir erfüllen voll die Männerquote) in die Kantine
zum Essen, welches „sponsored by Krankenhaus" ist.
Ich genieße es, mal nicht alleine zu essen, brauche nicht
zu kochen und habe keinen Abwasch. Ich nehme dann
immer die kleinen Salz-, Pfeffer- und Zuckertütchen mit,
die ich wiederrum zu meinen Ausflügen, wo ich immer
mein kleines Brantsch- oder Lantsch-Paket dabei habe,
mitnehme. Andere Kollegen machen Besuchsdienst in
den Krankenzimmern, führen dort Gespräche oder hören
einfach nur zu, viele Patienten können manchmal mit
Fremden besser reden als mit Angehörigen, weil sie die
nicht belasten wollen. Manchmal kaufen wir auch für
die Patienten ein. Manchmal machen wir mit der ganzen
Gruppe entweder einen Ausflug oder gehen zusammen
frühstücken. Wenn wir frühstücken gehen, nehme ich
alles, was übrig bleibt, z. B. die kleinen Portionspackungen
Marmelade, Honig, Butter, Schokocreme etc., mit. Die

müssen das sonst eh wegschmeißen, weil es ja schon auf dem Tisch war. Schade drum. Meine Kolleginnen wissen, dass ich Hartz IV bekomme und geben mir immer alles, was sie selbst nicht brauchen.

Im Sommer gibt es vom Krankenhaus ein Sommerfest, immer mit irgendeinem Motto, z. B. WM, 1001 Nacht, da gibt es dann ganz legger zu essen und zu trinken und es kost nischt. Tolle Musik mit DJ und tanzen können Sie da auch. Zu Weihnachten und Ostern gibt es immer Körbe mit Naschi für alle, auch nicht schlecht und vor allem Markenware, kaufe ich ja fast nie. Und zu Weihnachten gibt es immer einen Gutschein vom Drogeriemarkt oder letztes Jahr vom schwedischen Möbelhaus für 30 Euro, da bin ich dann toll shoppen gegangen. Für mich ist 30 Euro viel Geld. Dann legen wir alle immer Bücher oder CDs (die wir durch haben und nicht mehr brauchen) auf den Tisch im Büro und jeder kann sich bedienen. Außerdem bekommen Sie das Geld für die Tageskarte wieder, können also noch einen schönen Ausflug machen, gleich nach dem Mittagessen, die Kalorien wieder verbrennen. Dieser „Job" baut mich total auf, und der Dank, der von den Patienten und Angehörigen kommt, die es auch nicht selbstverständlich finden, dass ich das hier, so ohne Kohle zu verdienen, mache, ist toll. Und am Heiligabend ist am Vormittag eine kleine Gruppe von uns da, ich auch, und dann verteilen wir Sterne und Engel an die Patienten oder das Personal, die über Weihnachten dableiben müssen. Anschließend, so ab ca. 11.00/12.00 Uhr machen wir dann noch im Büro ein kleines Essen und ein Sektchen trinken und dann kann Weihnachten starten. Und wenn Sie im Notfall mal selbst ins Krankenhaus oder die Notaufnahme müssen, hatte leider schon dreimal das Vergnügen, hat das auch Vorteile, weil man Sie achtet für das ehrenamtliche Engagement und Sie quasi zum Personal gehören. Ich bin vor 4 Wochen so gestürzt, dass ich mit dem Rettungswagen ins Krankenhaus gekommen bin. In der Notaufnahme habe ich was bekommen, was am Hauptbahnhof richtig teuer ist, nämlich Morphium, dann vor der OP noch ein Beruhigungsmittel und anschließend fast 3 Stunden in Narkose. Ich war so high. Oberarm total hin, geflickt mit 13 Schrauben und einer Platte aus Titan. AUA. Ich trage meine Piercings also innen, draußen hat die jeder. Und wenn ich mal in Geldnot bin, lasse ich mir die wieder herausoperieren und verkaufe es, ist doch ein Edelmetall, oder nicht? Die haben mich auf die Privatstation gelegt und mich richtig betüdelt. Wenn ein Angestellter des Krankenhauses selbst was hat, kommt er auf die Privatstation. Ich finde, das ist ein feiner Zug. Das war da richtig luxuriös, so mit Bademantel, Hausschuhen und die kleinen Fläschchen im Badezimmer. Ein Arzt sagte:„Sie tun so viel für die Patienten und nehmen dem Pflegepersonal so viel ab, und nun bekommen Sie das von uns zurück." Toll, dieses Danke. Wäre aber doch lieber nicht gefallen. Musste zweimal die Woche zur Physiotherapie und es kann ein halbes Jahr dauern, bis der Arm wieder voll beweglich ist. Und wenn ich Pech habe, bleibt auch noch eine kleine Bewegungseinschränkung. Musste 8 Wochen mit so einem Verband schlafen, wo der Arm am Bauch fixiert ist, klasse, habe da teilweise Schlaftabletten genommen, ich wurde voll beknackt mit dem Mist. War zu der Zeit auch von den Tabletten so belämmert, musste starke Schmerzmittel nehmen, dass ich mich auch nicht traute, wandern zu gehen. Joggen und walken ist natürlich auch nicht drin gewesen. Außerdem habe ich eine wahnsinnige Angst wieder zu fallen, vor allem wenn es draußen so rutschig ist. Meine Bettnachbarin, mit der ich mich angefreundet habe, ist mit starken Rückenschmerzen eingeliefert worden und man stellte fest, dass sie Krebs hat, der auch schon in die Lunge gestreut hat. Die hat nur noch ein paar Jahre zu leben und ist trotzdem dabei ihre Kinder und mich zu trösten. Wenn ich so etwas so hautnah mitbekomme, weiß ich, wie gut es mir geht, meine Schulter und mein Arm heilen irgendwann wieder. Bei so etwas denke ich mir immer: Kind lebe, lebe, lebe ... Es kann verdammt schnell vorbei sein.

Als meine Mutter bei uns mit dem Rettungswagen eingeliefert wurde, habe ich dank des grünen Kittels auch schneller Auskunft bekommen. Und vor allem haben sie sie in einen Extraraum gelegt, es war nämlich der 1. Januar und im Warteraum der Notaufnahme lagen und hingen die Schnapsleichen von der Silvesternacht rum. Echt nett. Nur dass ich ihr die Pastorin aufs Zimmer zum Quatschen geschickt habe, hat sie sehr nachdenklich gestimmt. Sie dachte wohl, das war es jetzt, wenn schon die Pastorin kommt. Ich hatte mir dabei nix gedacht, die Pastorin ist echt nett und ich dachte, sie hat dann ein wenig Unterhaltung, wenn sie da schon 3 Wochen liegen muss. Wir haben das Thema aber dann geklärt.

Dann mache ich noch einmal im Jahr bei der „Nacht der Kirchen" mit. Nein, ich bin nicht kirchlich oder christlich eingestellt. Wir machen da im Krankenhaus seit 4 Jahren mit, wir haben da im Raum der Stille eine Ausstellung und mein Kollege und ich begleiten die Besucher da nach oben in den 9. Stock, damit die nicht durch das ganze Krankenhaus laufen müssen. Letztes Mal habe ich als Dank von unserer Pastorin (Krankenhausseel-sorgerin), die supernett ist, einen Schutzengel aus Bronze bekommen. Den trage ich immer bei mir, bringt was, auf jeden Fall, wenn man dran glaubt und ich bin aber-gläubisch. Außerdem ist es gut, wenn man so einen Draht zum Himmel hat, wer weiß, wann ich den mal brauche. Vitamin B ist auch hier angesagt. Abends im Bett, vorm Einschlafen, nehme ich den Schutzengel immer in die Hand und bedanke mich für den Tag und was ich für schöne Dinge erlebt habe, das tut gut. Ich habe auch mal ehrenamtlich am Hachmannplatz bei den Flüchtlingen geholfen. Tee, Wasser und Brötchen verteilt. Gebe aber zu, dass mir das etwas zu hart war, ich bin ja irgendwie ein Sensibelchen und habe diese Probleme mit nach Hause genommen, was natürlich nicht so gut war. So ein Ehren-amt ist auch unheimlich gut für das Selbstvertrauen, sie werden gebraucht und es tut Ihnen gut. Sie fühlen sich gleich nicht mehr so minderwertig. Bevor ich bei den „Grünen Damen und Herren" angefangen habe, war mein Selbstvertrauen echt im Keller, die Dienste haben mir sehr geholfen, den Kopf auch mal wieder etwas höher zu tragen.

Nächstes Jahr mache ich mal den ehrenamtlichen Streckenposten beim Haspa-Marathon, da gibt es immer ne Verpflegungstüte für die Helfer. Und macht bestimmt Spaß. Wer sich unsicher ist oder sich über ein Ehren-amt informieren möchte, kann das bei der Aktivoli in der Handelskammer (liegt gleich hinterm Rathaus), im Januar/Februar, oder beim Freiwilligen Zentrum in der Danziger Straße 52 (St. Georg) tun. *www.freiwilligen-zentrum-hamburg.de* oder Telefon 24 87 73 60 oder bei *www.hanseatic-help.org*

Bei der Aktivoli gibt es auch immer reichlich Beute.

DEKO, REINE FRAUENSACHE?

Deko ist auch Kitsch für die Seele, ich brauche das manchmal, auch wenn es nicht lebensnotwendig ist.

» Blaue Flaschen (Prosecco z. B.) sammeln, Label abwaschen, unheimlich toll als Vasen oder Kerzenhalter, geht natürlich auch mit grünen oder weißen Flaschen. Sieht toll aus und kostet nix. Sie können auch einfach von unterwegs etwas Unkraut oder was sonst so wächst pflücken und in die Flaschen tun, es müssen nicht immer gekaufte Blumen sein.

» In fast allen Kaufhäusern und Deko-Läden gibt es nach Weihnachten, Ostern oder Jahreszeitenwechsel viele Artikel zu stark herabgesetzten Preisen (30 % bis 70 % billiger). Die haben tolle Sachen, was meinen Sie, was ich für eine tolle Advents- bzw. Weihnachts-Deko habe?!? Mit Ostern habe ich das ja nicht so. Und Weihnachten und Ostern kommt jedes Jahr wieder.

» Im Herbst Kastanien, Eicheln, Laub sammeln. Arrangieren in Schalen oder auf dem Tisch, wunderhübsch, total in und kostenlos. Solche Herbstdeko wird teilweise verkauft, einfach mal gucken und dann nachmachen.

HOBBYS

» Lesen (Ich habe schon so viele Krimis und Thriller gelesen, ich könnte mich eigentlich bei der Kripo als Profilerin bewerben, ich weiß alles über Serienmörder, DNA, Spurensicherung usw. Aber ich glaube, diese Bewerbung schenke ich mir, die denken bestimmt, ich habe voll einen an der Klatsche).

» Rätsel machen

» Mit dem Fernglas unterwegs sein

» Puzzlespiele

» Joggen und Walken

» Hörbücher oder Musik hören

» Rad fahren oder Wandern

» Balkon: Vögel, Eichhörnchen beobachten, welch Luxus, direkt vorm Balkon bzw. Fenster. Manchmal beobachte ich die Tiere mit dem Fernglas, das ist wie eine Doku, nur live. Leider keine Straße, wohne nach hinten raus, Leute gucken könnte ja auch mal interessant sein.

» Ich kann auch stundenlang meine Wellensittiche beobachten, wie sie miteinander umgehen, total goldig. Ich hab die kleinen Flattermänner soooo lieb. Sagte ich glaube schon mal.

HAUSTIERE

Tierdoktor für Arme: Einmal monatlich, es ist ein kleiner Eigenanteil zu zahlen. Info unter Tel. 0152-56390455. Die Praxis befindet sich in Farmsen-Berne, Roter Hahn 52.

Futter- und Sachspenden bei Tiertafel Hamburg e.V.:

Info unter *kontakt@tiertafelhamburg.de* oder Tel. 0176/93 702 357, Hegholt 85 (alle 2 Wochen). Ist nur für Hunde!

INFORMATIONEN ZU HARTZ IV
UND ANDERE BERATUNGSSTELLEN
(KOSTENLOS)

» Beratungszentrum Arbeitslosen-Telefonhilfe e.V., Humboldtstraße 58, 22081 Hamburg, *www.arbeitslosen-telefonhilfe.de*, Telefon: 0800/111 0 444

» Öffentliche Rechtsauskunft, ÖRA, Dammtorstraße 14, 20354 Hamburg, Telefon: 428 43 30 71, *www.hamburg.de/oera* (Dies ist die Hauptstelle, die haben auch Bezirksstellen)

» Beratungs- und Seelsorgezentrum Hauptkirche St. Petri, Kreuslerstraße 6 (hinter der Petri-Kirche in der Mönckebergstraße), 20095 Hamburg, *www.bsz-hamburg.de*, Telefon: 32 50 38 70. Anonyme Seelsorge, offene Beratung und Supervision, auch Suchtberatung

» Aktive Suchthilfe e.V. in der Repsoldstraße 4, 20097 Hamburg (nähe Hauptbahnhof), anonym und kostenlos, *info@aktive-suchthilfe.de*, Telefon: 280 21 70. Hier gibt es auch eine Schuldnerberatung.

Natürlich gibt es in Hamburg noch wesentlich mehr Beratungsstellen, aber es wäre einfach zu viel die hier alle aufzuführen. Also einfach ins Internet gucken. Oder in die Zentralbibliothek gehen, die haben im Eingangsbereich ein großes Regal mit Flyern über alle möglichen Aktivitäten und Vereine.

NACHWORT

Viele Sachen mögen sich spießig anhören, aber erstens: macht Not erfinderisch, und zweitens: kann Sparen auch Spaß machen. Nicht den 3-Tage-Millionär spielen. Kleiner Tipp: Machen Sie sich eine tägliche To-do-Liste, alles was erledigt ist, wird abgehakt, das spornt an, wenn Sie dann sehen, was Sie alles geschafft haben. Tragen Sie dort auch Spaziergänge, Walken oder Sport ein. Bewegung an frischer Luft setzt außerdem Endorphine (Glückshormone) frei, das ist das körpereigene Kokain, echtes Koks kostet richtig Geld, dieses ist umsonst. Menschen, die sich nicht oder wenig körperlich bewegen, werden auch im Kopf langsam und unbeweglich, auf gut Deutsch „starr und langweilig". Mit Bewegung an der frischen Luft meine ich nicht die Zigarette auf dem Balkon. Und machen Sie sich noch einen zweiten Zettel mit den Zielen, die Sie erreichen wollen und hängen ihn irgendwohin, wo Sie ihn immer sehen.

In anderen Städten gibt es diese Möglichkeiten auch, da kann ich aber nicht recherchieren, da ich kein Geld zum Verreisen habe. ☺

Schreiben Sie ein Positiv-Tagebuch, jeden Abend schreiben Sie 5 Punkte auf, die an diesem Tag schön waren, was Sie schönes gesehen haben, und wenn es das Eichhörnchen auf dem Baum ist, erfreuen Sie sich dran. Es gibt draußen so viel zu sehen, der reinste Luxus, Sie müssen nur die Augen aufmachen. Wie ich oben schon erwähnte, nehme ich meinen Schutzengel dazu abends immer und lasse all die schönen Dinge reflektieren. Kann ich das Buch hier jetzt als Bewerbung beim Jobcenter abrechnen (Online 2 Euro oder schriftlich 5 Euro)? Habe ich einfach gemacht, mal sehen, was passiert.

Machen Sie sich nicht selbst runter, in Hartz IV kann heutzutage jeder landen. Sehen Sie es als Chance oder als Neubeginn. Machen Sie für sich was draus, nutzen Sie diese Zeit. Also nicht jammern, Kopf hoch, aber ein Auge muss die Umgebung nach Beute abscannen, denn nur, wer gut drauf ist, bekommt eher einen Job oder eine zündende Idee. Ich versuche es auf jeden Fall.

Alkohol trinke ich auch nur alle Jubeljahre mal, kriege immer Bauchweh und Durchfall davon. Und wenn ich so viel Durchfall habe, brauche ich wieder so viel Toilettenpapier und das kostet ja wieder ... Das mit dem Rauchen habe ich allmählich in den Griff bekommen, der Mist hat ja richtig gekostet. Es ist eine Sucht. Sex hatte ich 2009 zuletzt. Seit ich Hartz IV kriege, will keiner mit mir ins Bett. Verstehe ich nicht so wirklich, steht mir ja nicht auf der Stirn geschrieben. Muss allerdings sagen, seit ich so in den Wechseljahren bin, habe ich auch nicht mehr so wirklich Lust darauf. Diese ganze Aktion vorher, so mit Hick Heels, Dessous, Rasieren, Beine epilieren, wie bekomme ich die Slipeinlage ungesehen aus dem unbequemen Stringtanga. Und das Wichtigste, das Buch „Wie finde ich den richtigen und reichen Mann zum Heiraten" gut verstecken. Und dann will der Typ womöglich noch bei mir übernachten, inklusive Frühstück. Nee, ist schon besser ohne Sex. Was war das immer für ein Stress. Wenn ich mir diesen Absatz mal so durchlese, denke ich: „Das hört sich ja voll spießig an, vielleicht sollte ich ins Kloster gehen."

DANKE

Danke an meine Eltern, die immer zu mir gehalten haben. Von meinen Eltern wünsche ich mir immer Sachen, z. B. Bücher oder Parfüm, was ich nicht in ALP kaufe. Weil, bei Parfüm bin ich eigen, heißt, es ist etwas teurer, Liter 1,98 geht gar nicht. Meine Eltern geben mir auch immer Lebensmittel oder Duschgel, nicht viel, sie sind ja schließlich keine Millionäre, mit. Bin ich sehr froh drüber, wieder etwas, was ich nicht kaufen muss. Und Sie laden mich öfter zum Essen ein, und das Brot, was es vorweg gibt, darf ich immer mitnehmen. Ich genieße das total, weil ich mir das selbst nicht leisten kann. Ich genieße seit Hartz IV sowieso viel bewusster. Essen gehen und überhaupt materielle Dinge sind nicht mehr so selbstverständlich. Und vor allem mir nicht mehr so wichtig, Bleibt mir bitte noch lange erhalten und vor allem gesund. Monika (meine beste Freundin nicht nur in Krankenhauszeiten, meine Wellis lieben ihre Pflegemama), Johann (danke euch für den schönen Tag auf der Insel Poel und lieben Gruß an Nedzat und Carsten), Reinhard, Marc (ohne dich wären meine Wellis nur halb so glücklich. Deine Pullover und Flanellhemden trage ich immer noch, sind total kuschelig.), Günther (für deine Hilfe, als mein Arm noch in der Schlinge lag), Tina, Christa, Hella (für die Eier von glücklichen Hühnern und du weißt schon), Rita (für die tolle grüne Jacke), Uschi (Danke, dass ich mir mal das eine oder andere aus der Kleiderkammer nehmen durfte.

Wer hat schon so eine schicke Jack-Wolfskin-Jacke wie ich ☺, Lena (fürs Kopf bzw. Haare waschen im Krankenhaus ☺, Jutta (hast tolle Klamotten, die ich jetzt tragen darf) und den restlichen Mädels und den Jung aus der Donnerstagsgruppe, den netten Sachbearbeitern und – innen aus dem Jobcenter in der Norderstraße. Und ich sollte sie nicht vergessen, die beiden Physiotherapeuten aus der Spitalerstraße, die mich nach meinem Sturz wieder fit gemacht haben. Und am meisten danke ich natürlich dem novum Verlag, der den Mut hatte, dieses Meisterwerk zu veröffentlichen und meiner Autorenbetreuerin, die es vorher durchackern musste. Vielen Dank für die Chance und die gute Zusammenarbeit.

So fertig ist dieses Wahnsinnsbuch und ich bin auch geschafft, hätte nicht gedacht, dass mich die Sache so schlaucht, aber es hat auch Spaß gemacht. Es kostet jetzt nur noch den Mut, dieses Buch auch loszuschicken. Tja, da sind sie wieder die Komplexe und Ängste. So ganz frei bin ich nicht davon. An der Nummer „Selbstvertrauen" muss ich noch arbeiten.

Die Autorin

Elsa Grünkohl wurde 1960 in Hamburg
geboren und lebt auch heute noch dort.
Sie arbeitete in verschiedenen Berufen – als
Arzthelferin, Sekretärin, Imbissbudenverkäuferin
und Reinigungskraft. Aus Krankheits- und
Altersgründen landete sie 2010 in Hartz IV.
Seitdem hat sie sich an das Leben mit wenig Luxus
angepasst und möchte aufzeigen, wie ein Leben
unter diesen Umständen dennoch würdevoll und
schön sein kann. Dies ist ihr erstes Buch, in das sie
ihr ganzes Herzblut gesteckt hat.

novum ◢ VERLAG FÜR NEUAUTOREN

Der Verlag

*Wer aufhört
besser zu werden,
hat aufgehört
gut zu sein!*

Basierend auf diesem Motto ist es dem novum Verlag
ein Anliegen neue Manuskripte aufzuspüren, zu veröffentlichen und deren Autoren langfristig zu fördern.
Mittlerweile gilt der 1997 gegründete und mehrfach
prämierte Verlag als Spezialist für Neuautoren in
Deutschland, Österreich und der Schweiz.

**Für jedes neue Manuskript wird innerhalb
weniger Wochen eine kostenfreie, unverbind-
liche Lektorats-Prüfung erstellt.**

Weitere Informationen zum Verlag und
seinen Büchern finden Sie im Internet unter:

www.novumverlag.com